全国中等职业技术学校商贸类通用教材

公共关系实务（第二版）习题册

曾思燕　主编

中国劳动社会保障出版社

简介

本习题册与全国中等职业技术学校商贸类通用教材《公共关系实务（第二版）》配套使用。

本习题册按照教材章节顺序编写，包括填空题、单项选择题、判断题、名词解释、简答题、案例分析题、实训题、论述题等多种题型，难易适中，供学生课后练习使用。本习题册配有参考答案，可通过技工教育网（http://jg.class.com.cn）下载。

本习题册由曾思燕任主编，陈静雯任副主编。

图书在版编目（CIP）数据

公共关系实务（第二版）习题册 / 曾思燕主编．北京：中国劳动社会保障出版社，2024. --（全国中等职业技术学校商贸类通用教材）. -- ISBN 978-7-5167-6540-1

Ⅰ. C912.3-44

中国国家版本馆 CIP 数据核字第 2024TH7193 号

中国劳动社会保障出版社出版发行

（北京市惠新东街 1 号　邮政编码：100029）

*

北京市鑫霸印务有限公司印刷装订　　新华书店经销

787 毫米 ×1092 毫米　16 开本　3.5 印张　68 千字

2024 年 8 月第 1 版　　2024 年 8 月第 1 次印刷

定价：8.00 元

营销中心电话：400-606-6496

出版社网址：http://www.class.com.cn

http://jg.class.com.cn

版权专有　　侵权必究

如有印装差错，请与本社联系调换：（010）81211666

我社将与版权执法机关配合，大力打击盗印、销售和使用盗版图书活动，敬请广大读者协助举报，经查实将给予举报者奖励。

举报电话：（010）64954652

目　录

第一章　公共关系概述 ……………………………………………………（ 1 ）
　第一节　公共关系的内涵 ………………………………………………（ 1 ）
　第二节　公共关系的概念界定 …………………………………………（ 3 ）
　第三节　公共关系三要素 ………………………………………………（ 6 ）
第二章　组织内外部公共关系 ……………………………………………（ 9 ）
　第一节　内部公共关系 …………………………………………………（ 9 ）
　第二节　外部公共关系 …………………………………………………（ 11 ）
第三章　公共关系工作机构与工作程序 …………………………………（ 14 ）
　第一节　公共关系工作机构 ……………………………………………（ 14 ）
　第二节　公共关系调查 …………………………………………………（ 16 ）
　第三节　公共关系策划 …………………………………………………（ 18 ）
　第四节　公共关系实施 …………………………………………………（ 23 ）
　第五节　公共关系评估 …………………………………………………（ 25 ）
第四章　公共关系专题活动 ………………………………………………（ 28 ）
　第一节　形象塑造活动 …………………………………………………（ 28 ）
　第二节　市场引导活动 …………………………………………………（ 30 ）
　第三节　宣传推广活动 …………………………………………………（ 32 ）
　第四节　组织形象与企业识别系统 ……………………………………（ 35 ）
第五章　危机公关管理 ……………………………………………………（ 38 ）
　第一节　公共关系危机概述 ……………………………………………（ 38 ）
　第二节　危机公关处理 …………………………………………………（ 40 ）
　第三节　网络危机公关 …………………………………………………（ 42 ）
第六章　公关人员的素质和能力 …………………………………………（ 45 ）
　第一节　公关人员的素质要求 …………………………………………（ 45 ）
　第二节　公关人员的能力要求 …………………………………………（ 47 ）
　第三节　公关人员的工作原则 …………………………………………（ 49 ）

第一章 公共关系概述

第一节 公共关系的内涵

一、填空题

1. 公共关系是一种________、外求发展的经营管理艺术。

2. 公共关系活动一般表现为日常公共关系活动和____________两大类。

3. 公共关系作为一种创造美好形象的艺术，它强调的就是追求______的境界。

4. 公共关系是组织与公众之间的________信息系统。

5. ________提出的“讲真话”的公共关系意识，对后来公共关系领域的“公众利益”原则和“诚信公开”原则起到了积极的促进作用。

二、单项选择题

1. 公共关系最早起源于 19 世纪初的（　　）。

A．法国　　B．奥地利　　C．英国　　D．美国

2.“高知名度、低美誉度”体现了组织公共关系的（　　）状态。

A．理想　　B．不理想　　C．稳定　　D．原始

3. 下列选项中，不属于公共关系信息种类的是（　　）。

A．市场信息　　B．外部公众信息

C．商业秘密信息　　D．媒体信息

4. 报刊、广播、电视、互联网上的相关信息属于（　　）。

A．媒体信息　　B．竞争对手信息

C．市场信息　　D．外部公众信息

5. 提出了“双向对称”模式的公共关系学著作是（　　）。

A.《公众舆论的形成》　　B.《原则宣言》

C.《有效的公共关系》　　D.《公共关系学》

6. 标志着我国正式承认“公共关系”这一职业的事件是（　　）。

A．中国公共关系协会在北京成立

B. 深圳的一些中外合资宾馆仿照国外的管理模式设立了公共关系部门

C. 深圳大学传播系创办了公共关系专业

D. 1999 年《中华人民共和国职业分类大典》将“公关员”作为一种新兴职业列入该大典的第三类职业

三、判断题

1. 公共关系状态是指一个社会组织所处的社会关系和社会舆论的状态，即这个组织在公众心目中的现实形象。 （　）

2. 公共关系对象是个人和群体，不包括组织。 （　）

3. 公共关系是一项长期的战略性工作。组织和公关人员不应计较一城一池之得失，而要着眼于长远利益。 （　）

4. 公共关系的咨询、建议和参谋作用主要作用于组织决策的前期。 （　）

5. 完成公共关系理论体系奠基任务的是巴纳姆，他是使公共关系走向正规化、科学化的关键人物。 （　）

四、名词解释

1. 公共关系

2. 公共关系意识

3. 公共关系学

五、简答题

1．如何正确理解公共关系的多层含义？

2．公共关系对现代组织有哪些积极作用？

3．简述现代公共关系的产生与发展过程。

第二节 公共关系的概念界定

一、填空题

1．加强精神文明建设，开展______________的公共关系活动，追求组织的整体利益和________，才能有效地遏制庸俗关系的畸形存在，形成和谐、健康的组织发展环境。

2．公共关系工作的目的是要处理好组织与公众的关系，掌握________的动机与需要，促进产品或服务的推广，建立良好的组织形象。

3. 公共关系的主体可以是________组织，也可以是________组织。

4. 公共关系策划作为一种宣传手段，是在职业伦理指导下的公共关系行为，遵守着________的公共关系原则。

二、单项选择题

1. 下列选项中，不属于公共关系与市场营销区别的是（　　）。

A. 目的　　B. 工作内容　　C. 范围　　D. 传播手段

2. 下列选项中，属于公共关系工作内容的是（　　）。

A. 产品研发　　B. 销售渠道管理

C. 促销活动策划　　D. 塑造形象

3. 下列关于公共关系与商业广告的说法，错误的是（　　）。

A. 公共关系与广告都以公众为对象

B. 公共关系的效果是直接可测的

C. 广告传播的周期一般较短，有明显的季节性和阶段性

D. 公共关系工作的成败是广告业务成败的重要前提

4. 一个马戏团要在某小镇表演，如果在街上立一个牌子，写上“××马戏团将于×月×日在本镇精彩开演”，这属于（　　）。

A. 公共关系　　B. 市场营销　　C. 广告　　D. 炒作

三、判断题

1. 公共关系就是通过请客送礼，建立良好的关系。（　　）

2. 公共关系与市场营销在企业经营中均扮演着重要的角色，缺一不可。（　　）

3. 广告不等于公共关系，它们之间既有联系又有区别。（　　）

4. 公共关系策划难免通过“炒作”和“包装”达成公共关系目标。（　　）

四、简答题

1. 简述公共关系与庸俗关系的区别。

2. 简述公共关系与炒作的区别。

五、案例分析题

马帮是我国大西南地区特有的一种古老的交通运输方式，也是茶马古道主要的运载手段。在交通运输工具高度发达的今天，一队古老原始的马帮浩浩荡荡走进城市，进入现代人的视野，马铃叮当，马蹄声声，独特的少数民族、银饰，其吸引力之大是可想而知的。

多年前的五一假期，40 多位赶马人、100 多匹骡马组成的马帮从云南的普洱市启程赴京，马帮驮载着 5 吨多普洱茶，穿越 6 个省市，行程 4 千多公里，成为一种独特的文化形态，吸引了沿途公众的极大兴趣，也引发了全国媒体的广泛报道。而本次运到北京的茶叶，以企业赞助的形式全部义卖，所得的款项全部用于援建希望小学。

马帮的成功进京，拉近了普洱茶与主流消费市场的距离，云南普洱茶瞬间在北京掀起一股热潮。“我们组织这次马帮驮茶进京活动，就是想再现当年的一段历史，让世人认识到真正的、原生态的、自然发酵的普洱茶。”云南省茶叶协会会长说。

一种古老的运输方式，一次市场化的运作，马帮就能转化为云南民族文化新“名片”，打造成云南茶产业发展的新载体。

问题：

请根据这一事件，谈谈公共关系对于企业营销的作用。

第三节　公共关系三要素

一、填空题

1. 公共关系的主体是________。

2. 社会组织的特征有：群体性、目标性、________、稳定性、________。

3. 根据组织性质的不同，一般将社会组织分成________、政治组织、________、群众组织、宗教组织。

4. 公共关系传播要素包括信源、信息、信宿、媒介和________。

5. 选择公共关系传播媒介时应遵循联系目标、选择对象、________和合乎经济的原则。

二、单项选择题

1. 组织必须以发展、动态的眼光来认识和把握目标公众，体现了公众的（　　）特征。

A. 可变性　　B. 同质性　　C. 整体性　　D. 模糊性

2. 顾客、政府、媒体、社区等属于（　　）。

A. 个体公众　　B. 组织公众　　C. 内部公众　　D. 外部公众

3. 对组织影响力最小、最间接的公众是（　　）。

A. 次要公众　　B. 主要公众　　C. 边缘公众　　D. 外部公众

4. 假日出现的大量游客、春节前购买年货的顾客等属于（　　）。

A. 临时性公众　　B. 周期性公众

C. 稳定性公众　　D. 季节性公众

5. 一个组织的公共关系工作目标就是维持和扩大（　　）的队伍，保持沟通与联系。

A. 独立公众　　B. 逆意公众　　C. 边缘公众　　D. 顺意公众

6. 某蛋糕店出售一批变质面包，有几位顾客食用了这批面包，发现了变质问题，但未采取维权行动。那么，这几位顾客属于（　　）。

A. 知晓公众　　B. 内部公众　　C. 边缘公众　　D. 潜在公众

三、判断题

1. 社会组织是公共关系活动的策划者和实施者，在公共关系活动中处于从属地位。 （　　）

2. 社会组织内部成员在数量上是可变的，因此其不具备稳定性。 （　　）

3. 校友会属于群众组织。 （　　）

4. 人际传播一般可以分为口语传播、书面语传播和非语言传播。 （　　）

5. 组织进行公共关系传播不必进行成本效益分析，应以“传播效果最大化”为准则选择适合自己的传播媒介。 （　　）

四、名词解释

1. 社会组织

2. 公众

3. 传播

五、简答题

1. 简述公共关系三要素的关系。

2. 简述各种大众传播媒介的优缺点。

第二章　组织内外部公共关系

第一节　内部公共关系

一、填空题

1. 内部公共关系是社会组织的首要公共关系，主要包括________关系和股东关系。

2. 良好的________是组织内部凝聚力的核心，也是决定组织兴衰成败的根本性因素。

3. 按内容划分，员工培训可分为________培训和________培训。

4. 股东关系又称________，它是从20世纪60年代初以来，在公共关系领域中不断发展的一个崭新的方面。

二、单项选择题

1. 通过非正式、非强制和不成文的行为准则，对员工的思想观念及行为举止起规范约束作用，让员工自觉主动地参与组织的各项活动，并充分发挥潜能，属于组织内部公共关系作用中的（　　）。

A. 凝聚作用　　B. 规范作用

C. 导向作用　　D. 激励作用

2. 下列选项中，属于良好工作环境内容的是（　　）。

①舒适整洁的办公环境

②必要的劳动保护

③合理的劳动强度

④民主、和谐的人际关系

A. ①②③　　B. ①②④

C. ②③④　　D. ①②③④

3.（　　）的主人翁意识一旦被激发，他们就会为组织的发展出谋划策，并利用广泛的社会关系为组织争取更多的顾客，扩大组织的社会影响。

A. 顾客　　B. 供应商　　C. 股东　　D. 合作方

三、判断题

1. 组织应该满足员工的一切诉求，关注员工的切身利益，从而创造出最佳的人事环境。（　）

2. 在满足物质需求的同时，组织还应该关心员工的心理状况，加强对员工的情感关怀，营造轻松愉快的氛围。（　）

3. 员工之间是否互相关心和帮助，其交往协作是否紧密融洽，对内部公共关系状况影响不大。（　）

4. 组织应充分利用各种传播形式（如会议、内部刊物、公告栏、网络等），定期向员工通报组织的发展状况，增加组织的透明度，做到上情下达、下情上传，从而使组织的目标与员工的要求达到和谐统一。（　）

四、名词解释

1. 内部公共关系

2. 股东

五、简答题

1. 组织内部公共关系有哪些作用？

2. 股东关系有哪些处理技巧？

第二节　外部公共关系

一、填空题

1. 良好的________关系是组织发展的原动力，能够为组织带来直接利益。

2. 顾客满意或称顾客满意战略，一般包括三个层次，即产品满意、服务满意和________。

3. 维护______________是处理顾客关系的基本准则，当顾客提出合理的解决方法时，组织应站在顾客的立场上果断采取实质性的补救措施而不拖延。

4. 社会组织作为社会有机体的一个重要组成部分，有义务为政府分担一定的社会责任，提供必要的______________。

5. ________主要是指对于公众舆论和社会生活具有显著影响力和号召力的社会名人。

二、单项选择题

1. 下列关于消费教育的说法，错误的是（　　）。

A. 开展消费教育可以增加组织的知名度，但不能增加美誉度

B. 常见的消费教育方式有举办展览会、开设咨询热线等

C. 开展消费教育可以增强消费者的维权意识、保护其合法权益

D. 通过开展消费教育，组织与消费者之间可以保持稳定的关系

2. 下列关于公关人员提供新闻素材的要求，错误的是（　　）。

A. 新闻稿件需要文字表达流畅

B. 新闻稿件可以适当进行艺术加工

C. 录音、视频要完整清晰

D. 照片尺寸符合要求，并添加文字说明

3．公关人员应采取有效措施培养（　　）公众“准自家人”的观念，以争取公众的支持。

A．名流　　B．顾客　　C．社区　　D．媒体

三、判断题

1．服务满意是指产品售前、售中、售后的服务措施令顾客满意。（　　）

2．组织在处理与政府的关系时，首先必须坚持经济利益至上的原则。（　　）

3．公关人员面对记者的提问，如不清楚答案，可以回答“无可奉告”。（　　）

4．顾客这类外部公众，虽然数量有限，但社会能量很大，对其他公众的影响力很强，能够在社会舆论中迅速“聚焦”。（　　）

四、简答题

1．社会组织应如何加强与顾客的关系？

2．社会组织应如何处理与媒体的关系？

3．社会组织应如何处理与社区公众间的关系？

五、案例分析题

一位消费者在购买了某厂家生产的一台电风扇后，不幸在使用时触电身亡。此事一经报纸披露，立即引发了消费者的广泛恐慌，公众普遍认为这家工厂生产的电风扇存在质量问题。一些已购买该厂产品的消费者纷纷要求退货，而那些原本打算购买该厂产品的消费者则选择了放弃。该厂家的企业形象因此遭受了严重损害，为了解决这一危机，厂家迅速开展了一系列公关活动。

首先，厂家邀请了相关部门和专家对事件进行深入调查，并对其生产的电风扇质量进行了科学鉴定。经过详尽的调查和鉴定，得出结论：该顾客的触电事故并非由电风扇的质量问题（如漏电）导致，而是因为他缺乏电工知识，私自乱接电线所引发的。

其次，在明确事件真相后，厂家迅速通过新闻媒介向公众公布了事实，以消除消费者的恐慌情绪。同时，他们还公布了专家对电风扇质量的鉴定结果，结合事实真相，利用消费者对专家的信赖来化解这场公关危机。

经过厂家的不懈努力，消费者逐渐恢复了对该厂家的信任，企业产品的销售额也出现了回升的趋势，从而为企业避免了巨大的经济损失。

问题：

请运用公共关系知识分析该厂解决公关危机的有效措施。

第三章　公共关系工作机构与工作程序

第一节　公共关系工作机构

一、填空题

1. 公共关系工作机构是指由__________组成的、专门从事__________工作的专业部门或机构。

2. 公共关系部门的职能包括情报信息、________、决策参谋、宣传外交和________。

3. 公共关系部门的组织类型有直属型、并列型和________。

4. 公关公司的优点有专业技能水平高、客观公正、社会关系广泛、________。

二、单项选择题

1. 公共关系部门直接隶属于组织最高管理层的管辖，由总经理或副总经理担任公共关系部门的负责人，工作直接汇报到组织最高决策机构。这属于（　　）公共关系部门的组织类型。

A. 直属型　　B. 并列型　　C. 附属型　　D. 协作型

2. 下列选项中，不属于公共关系公司业务范围的是（　　）。

A. 公共关系咨询　　B. 提供法律援助服务

C. 传播信息　　D. 处理危机事件

3.（　　）社团主要是指不同地区的公关协会，此类社团的职能是服务、指导、协调、监督。

A. 综合型　　B. 媒介型　　C. 学术型　　D. 行业型

三、判断题

1. 附属型是一种比较理想的公共关系部门组织类型。（　　）

2. 公共关系部门的特点之一是容易有失客观公正，尤其是当内部环境跟外部环境发生矛盾冲突时，本位主义容易导致公共关系部门在处理问题时难以总揽全局。（　　）

3. 专项业务服务公司通常规模较大、实力雄厚，可提供全方位、多方面的公共关系服

务，能同时满足不同顾客的需求。（　　）

4. 公关公司一般对组织的情况非常熟悉，能够充分提高公共关系工作的针对性和及时性。（　　）

四、名词解释

1. 公共关系部门

2. 公共关系公司

3. 公关社团

五、简答题

1. 公共关系部门的特点是什么？

2．公关社团的组织类型及其职能是什么？

第二节　公共关系调查

一、填空题

1．组织形象________是测定组织实际社会形象的主要工具。

2．________是指公众的意见或看法，是大多数社会成员的一致意见或共同信念，或者说是信息沟通后的一种共鸣。

3．公共关系调查主要包括三项内容：________________、公众信息调查、社会环境调查。

4．访谈调查法又称访问法或谈话法，是指通过调查者与调查对象的直接对话而收集事实材料的一种调查研究方法。其主要有________和________两种形式。

5．________，即在一定的调查对象总体范围内，按照随机性原则，抽取样本。

二、单项选择题

1．在公共关系的四步工作程序中，（　　）是基础。

A．公共关系实施　　B．公共关系评估

C．公共关系调查　　D．公共关系策划

2．组织公共关系的最佳状态是（　　）。

A．高知名度、高美誉度　　B．低知名度、高美誉度

C．低知名度、低美誉度　　D．高知名度、低美誉度

3．公共关系调查中的一种常用方法是以书面调查的形式，通过调查者围绕调查目的拟定问卷，让调查对象选择答案或填写答案，然后回收问卷并对问卷答案进行统计和分析，以了解调查对象的情况、态度和意见。这种调查方法是（　　）。

A．访谈调查法　　B．问卷调查法

C．观察调查法　　　　D．抽样调查法

4．（　　）是向调查对象说明调查的目的、意义，通过它可以消除调查对象的顾虑，并使其按规定的要求填写问卷。

A．标题　　　　B．调查主题内容

C．问卷说明　　　　D．调查者情况

5．某企业要对自己的顾客公众进行调查，将顾客公众按职业分成工人、农民、公务员、学生、企业家，然后从中选择调查对象。这属于（　　）。

A．随机抽样　　B．系统抽样　　C．分群抽样　　D．分层抽样

三、判断题

1．宏观调查是对开展公共关系活动的具体条件进行调查，如对开展公共关系活动的场地、设备以及各类规章制度要求等进行调查。（　　）

2．团体访谈能在较短的时间里收集到较全面的材料和信息，也便于当面调查核实一些情况。但它对调查者组织能力的要求较高，且不适宜调查保密性或敏感性话题。（　　）

3．开放式问题的优点是标准化程度高，有利于提高问卷的回复率和有效性，便于综合统计；缺点是答案比较机械、被动，有时缺乏可靠性。（　　）

4．对一些涉及个人隐私或比较敏感的问题，在电话访问中往往可能获得较真实的回答。（　　）

5．许多公司采用的“神秘顾客”制度是观察调查法在实际工作中的一种应用。（　　）

四、名词解释

1．公共关系调查

2．组织形象定位

3. 社会环境

五、简答题

1. 什么是公共关系调查中的观察调查法？这种方法有何利弊？

2. 什么是公共关系调查中的文献分析法？这种方法有何利弊？

第三节　公共关系策划

一、填空题

1. 公共关系策划就是公关人员根据组织形象的现状和目标要求，分析__________，谋划、设计________________的过程。

2. 策划者除了具备一般公关人员应具备的__________外，还必须具有独特的创新意识和丰富的__________。

3. 在市场成熟期和__________，公共关系活动的主要目的是延长产品生命周期。

4. 策划方案是指策划者在深入调查研究的基础上，为实现__________而设计制定的完整周详的公关实施方案和设计方案。

5. 为了保证在有限的投入内获取最大的__________和__________，组织需要进行科学的公共关系活动经费预算。

二、单项选择题

1. 公共关系策划对象的选择原则一般不包括（　　）。

A. 相关性原则　　B. 层次性原则　　C. 复合性原则　　D. 效益性原则

2.（　　）原则是公共关系策划的最基本原则。

A. 实事求是　　B. 独特创新　　C. 切实可行　　D. 灵活机动

3. 在组织刚刚成立之时或组织发生了重大的变动、出台重要政策、推出新的服务项目或产品时，公共关系部门都需要策划推出旨在有效快速地传播信息的公共关系目标与项目，扩大组织的知名度和组织信息的知晓度。这属于以（　　）为公共关系目标。

A. 联络感情　　B. 信息传播　　C. 改变行为　　D. 改变态度

4.（　　）公共关系活动模式主要是指社会组织在遇到危机、组织形象受到损害时，为了扭转不利局面而开展的公共关系活动。

A. 服务型　　B. 征询型　　C. 矫正型　　D. 宣传型

5.（　　）公共关系活动模式的工作方式有市场调查、访问重要顾客、鼓励员工提合理化建议、建立信访制度、设立监督电话、处理举报和投诉、举办有奖测试活动等。

A. 社会活动型　　B. 征询型　　C. 交际型　　D. 宣传型

三、判断题

1. 组织在确定公共关系策划对象时，必须考虑公众的代表性，但无须注意公众的广泛性。（　　）

2. 在进行公共关系策划时，组织的创意和可实现性两者不一定统一，可随机应变。（　　）

3. 由于人力和物力是有限的，不可能在同一时间内实现所有公共关系目标，因此，确定目标时要按照轻重缓急统筹考虑，分步进行。（　　）

4. 各种媒介的权威性、客观态度、信息传播技巧上的不同特征都会使传播活动的影响力有很大的差异。（　　）

5. 公共关系策划方案是否可行，还有赖于对方案的分析评估。公共关系策划方案经过评估优化后，即可上报领导进行决策，以最终审定，准备实施。（　　）

四、简答题

1. 公共关系策划要秉持哪些原则?

2. 请列表说明常见的公共关系活动经费预算项目。

3. 请简述公关策划方案的写作框架。

五、案例分析题

剪出你心中的 M——动感地带服装设计大赛

项目主体:

中国移动通信集团江苏有限公司

项目策划机构:

奥美广告

项目执行机构：

南京世通利方公关策划有限公司

媒体合作：

《东方》文化周刊、江苏音乐台、《扬子晚报》、《现代快报》

项目背景：

“动感地带”（M–Zone）作为中国移动通信专为年轻时尚人群打造的移动通信用户品牌，秉承“时尚、前卫、探索”的品牌理念。为了满足广大动感地带用户对新鲜、时尚的追求，推出“动感地带服装设计大赛”。

项目调研：

全省动感地带体验店的工作人员尚未拥有统一的服装，这在一定程度上影响了服务形象的统一性和专业性。为了让服务人员以更加专业、统一的形象面对顾客，动感地带体验店的工作人员迫切希望能有统一的服装。这样不仅可以提升服务团队的整体形象，还能更好地进行品牌展示和提供咨询服务。

此外，通过举办服装设计竞赛的方式，让用户有机会参与其中，与品牌进行更深入的互动和交流。这样的活动不仅能激发用户对体验店的归属感和向心力，还能让他们更加了解品牌的重点业务，并进一步巩固和提升动感地带的品牌形象。

项目策划：

1. 目标受众

年轻时尚人群、省内各高校学子、新闻媒体记者以及各地市分公司的代表。

2. 公关目标

（1）增强品牌特色与影响力：借由此次活动，进一步凸显动感地带品牌的时尚、趣味与探索精神，扩大品牌的知名度和影响范围。

（2）加深用户情感联结：通过活动的亲身参与和体验，增强参赛者与动感地带品牌的情感纽带。

3. 媒体选择

综合运用平面媒体、电台、电视以及网络媒体进行全方位宣传。

4. 公关策略

（1）媒体合作确认：已与《东方》文化周刊、《扬子晚报》、《现代快报》、江苏音乐台以及网络媒体建立合作关系，同时将通过短信群发方式直达动感地带用户，并通过专属活动网站进行信息发布。

（2）与媒体互动交流：在活动筹备及进行期间，将与各合作媒体保持紧密沟通，确保宣传内容的精准度和品牌诉求的一致性。

（3）权威评委团：邀请国内知名时装设计师、资深服装业内人士及时尚界权威人士组成强大的评委团，确保活动的专业性和权威性。

项目执行：

1. 各地市分公司推广活动

在各地市的动感地带体验店内张贴本次活动的宣传海报，并摆放相关的宣传单页，以供顾客了解活动详情。同时，各地市分公司也结合自身资源，特别针对开设服装设计专业的高校（尤其是苏州地区的高校）进行了重点宣传。积极与学校和相关专业社团建立联系，推广本次活动，吸引更多学生和设计爱好者参与。

2. 南京专家评审团工作进展

经过组委会的多次鉴定和深入讨论，选出了前 10 名优秀作品。并要求这 10 位设计师在接下来的 20 天内，根据各自的设计理念制作出成衣。

3. 南京现场活动

本次活动的决赛场地设在南京大学科技报告厅礼堂。现场邀请了专家评委、嘉宾、前 10 名设计师、动感地带体验店工作人员、媒体记者以及热情的观众。为增加活动的观赏性和专业性，还特别邀请了华东地区知名的模特团队来展示这些设计作品。在走秀间隙，还穿插了精彩的表演，为观众带来了一场视觉与艺术的盛宴。

4. 比赛结果与后续活动

评审委员会根据“最具创意的设计概念、紧跟市场潮流的时尚元素、完美的色彩搭配以及出色的整体造型”等评选标准，最终确定了本次服装设计大赛的金、银、铜奖得主。作为奖励，获奖设计师们还将受邀参加在苏州举办的动感地带年终盛典活动。

5. 媒体反馈与项目评估

活动开展的半个月里，共有 11 家主流媒体对动感地带服装设计大赛进行了深入且多角度的报道。这些报道不仅让广大受众对动感地带品牌的“时尚、趣味、探索”特质有了更直观的感知，也进一步巩固了“动感地带”在公众心目中的品牌形象。

问题：

试分析本次公关策划活动成功的原因。

第四节　公共关系实施

一、填空题

1. 在公共关系实施过程中，组织及公关人员要以________和________为出发点，选择最有效的传播途径或模式，在公众心目中树立组织的正面形象。

2. 公共关系实施的原则包括准备充分原则、________、控制进度原则、整体协调原则和反馈协调原则。

3. ________是由于组织机构设置的不合理而导致组织内外信息不能有效传递。

4. ________具有速度快、后果严重、影响面广的特点，如处理不当，不但公共关系策划难以实施，还会影响组织的声誉。

5. 公共关系实施讲究时机的选择与策略的把握，______________是开展公共关系活动的最佳时期。

二、单项选择题

1. (　　) 原则强调的是在公共关系实施过程中各环节之间、部门之间以及实施主体和公众之间和谐化、合理化，使之不发生矛盾或少发生矛盾。

A. 准备充分　　B. 控制进度

C. 整体协调　　D. 反馈协调

2. 公共关系策划中的 (　　) 是指在公共关系策划中由于所拟定的公共关系目标不正确或不明确、不具体而给实施带来的障碍。

A. 目标障碍　　B. 语言障碍

C. 观念障碍　　D. 习俗障碍

3. (　　) 是由一定的经验和知识沉淀而成，是一定社会条件下人们接受、信奉并用以指导自己行动的理论和观点。

A. 规则　　B. 观念　　C. 信念　　D. 习俗

三、判断题

1. 公共关系实施是在公共关系策划方案被采纳后，将所确定的内容变为现实的过程，这是公共关系工作中最多变、最复杂的环节。　(　　)

2. 公共关系的终极目的是提出问题。 （ ）

3. 在公共关系实施过程中，组织各部门应从所在部门利益出发，争取利益最大化。

（ ）

4. 反馈协调应贯穿于公共关系实施阶段的总过程，直至公共关系目标顺利实现。

（ ）

5. 在公共关系活动中，要注重分析目标公众的经济能力状况，重点满足高收入人群的需求，以获得良好的收益及口碑。 （ ）

四、简答题

1. 如何理解公共关系实施的意义？

2. 什么是公共关系实施中的目标障碍？应如何排除这些障碍？

五、案例分析题

为了推广 2 000 辆最新款的甲壳虫系列汽车，大众汽车投入数百万美元，通过电视和平面媒体进行了一个半月的大规模公关推广活动。据大众公司商业部经理介绍，公司还在网站上为这两款新车型打造了一个虚拟的在线试驾体验。这一创新举措融合了动态视觉效果和声音，使用户沉浸其中，仿佛成了广告的一部分。

这个在线试驾功能极大地推动了大众汽车官网的流量增长。在推广活动的首日，网站访问量就突破了 8 万次，并且在随后的时间里，网站的月平均访问量稳定在 100 万人次左右。活动期间，网站的日均独立访客数达到 47 000 人，而且每个访客的平均在线时长也翻了一番，增加到了 19 分钟，其中每页的浏览时长平均为 1.25 分钟。

此外，在线试驾不仅增加了网站的流量和用户参与度，还为大众汽车带来了更多的注册用户。用户可以在网站上创建自己的“我的大众”个人页面，更深入地了解他们感兴趣的汽车性能。同时，用户还能通过大众的销售系统实时查看汽车库存，选择合适的经销商，制订个性化的购车计划，并安排产品的配送时间。

问题：

试分析此次活动实施的成功之处。

第五节　公共关系评估

一、填空题

1. ____________是加强全员公共关系意识的重要形式。

2. 知名度 =________/ 被调查人数 ×100%。________= 赞美人数 / 知晓人数 ×100%。

3. ________是根据特定的研究目的选择研究对象，通过调节某个变量（如公共关系活动前后某个企业的声誉），测定另外一些变量（如产品销售量、订货量）的增减。

4. 开展公共关系评估，首先要制定合理的________。

5. 撰写评估报告就是评估人员以文字形式将评估结果报告给________，供其参考与借鉴，便于作出科学的决策。

二、单项选择题

1.（　　）是改进公共关系工作的重要环节。

A. 公共关系调查　　B. 公共关系实施

C. 公共关系策划　　D. 公共关系评估

2.（　　）是指聘请组织外部经验丰富的专家学者对本组织公共关系活动进行评估。

A．组织评估法　　B．民意调查法

C．专家评估法　　D．实验法

3.（　　）是了解公众舆论倾向的一种社会调查，它通过调查问卷、跟踪访问、网上咨询等调查与统计方法，如实地反映一定范围内的民众对某个或某些社会问题的态度倾向。

A．媒介评估法　　B．抽样调查法

C．民意调查法　　D．文献分析法

三、判断题

1．公共关系评估是公共关系工作程序的最后一步，也是最容易被忽视的一个环节。（　　）

2．任何一项新的公关计划的制订与实施都不是孤立产生的，它总是以先前的公共关系工作及其效果为背景，前后两项公共关系工作不能截然分开。（　　）

3．信息收集齐全后，不必整理，要立即进行综合分析，这是整个评估程序的重要一环。（　　）

4．公共关系评估报告可以有撰写人的主观倾向性。（　　）

四、名词解释

1．公共关系评估

2．组织评估法

3．媒介评估法

五、简答题

1．对单项公共关系活动效果进行评估，应包括哪些内容要点？

2．简述公共关系评估报告的写作内容。

第四章　公共关系专题活动

第一节　形象塑造活动

一、填空题

1．庆典文书的主要特点是宣告性和________。

2．为了使开放参观活动有声有色、富有创意，组织应该成立专门的________。

3．对外开放参观的内容一般应包括情况介绍、________和实物展览等。

4．赞助活动完成后，组织应广泛调查并收集各方意见及评论，以________对赞助效果进行评估测定；对照赞助计划检查活动是否完成了________。此外，还要将评估结果写成________归档储存，作为以后开展赞助活动的参考资料。

二、单项选择题

1．生产部门500天安全日属于（　　）。

A．开幕庆典　　B．周年庆典　　C．特别庆典　　D．节庆活动

2．下列关于剪彩活动的说法，错误的是（　　）。

A．剪彩一般用于建筑物落成、新造车船出厂或展览会开幕等

B．参加剪彩的人员仅限于本组织负责人

C．若剪彩者不止一人，则要根据剪彩者的职务、身份安排剪彩位置

D．剪彩人员的站位顺序应事先安排妥当

3．下列选项中，不属于组织开放参观活动目的的是（　　）。

A．扩大组织的知名度　　B．提高组织的美誉度

C．销售新产品　　D．澄清疑虑，争取理解

4．下列关于赞助原则的说法，错误的是（　　）。

A．开展赞助活动必须合法合理

B．开展赞助活动应当量力而行

C．开展赞助活动必须注重经济效益

D．开展赞助活动应注意对象与组织的关联性

三、判断题

1. 庆典的影响力与来宾身份的高低及其数量的多少无关。 (　　)

2. 向参加庆典的嘉宾赠送的礼品需要价格昂贵，以体现尊重。 (　　)

3. 组织开展开放参观活动应以不影响组织的正常工作为原则，同时考虑选择公众方便的时间开放。开放参观活动最好安排在一些特殊的日子，如周年纪念、组织开业、传统节日等。 (　　)

4. 社会组织要认真研究和确认被赞助的对象或活动本身是否遵守法律道德要求、是否具有良好的社会声誉、是否有积极的社会影响，以保证赞助活动取得良好的社会效益。 (　　)

四、名词解释

1. 庆典

2. 赞助活动

五、简答题

1. 简述庆典的组织程序。

2. 简述开放参观的组织程序。

第二节　市场引导活动

一、填空题

1. 展览会是一种十分直观、形象和生动的________传播方式。

2. 贸易展览会也称__________，旨在展示产品实物、服务业务，促进________、贸易洽谈。

3. 举办大型展览会，主办方和承办单位应根据展览的________、社会效益和派生效益来拟定参展单位。

4. 新闻发布会的形式比较正规、隆重，出席人员一般为各大新闻媒体记者、行业部门主管、协作单位代表以及政府工作人员，规格较高，________较强。

5. 新闻发布会的主题大致有两类：说明性主题和__________。

二、单项选择题

1. 展览会主题要围绕展览的目的而定，并写进（　　），作为日后评价展览效果的依据。

A. 年度公关计划　　B. 展览策划方案

C. 年度公关预算　　D. 营销策划方案

2. 培训参展工作人员的内容不包括（　　）。

A. 展品专业基础知识

B. 公关接待和公关礼仪的基本知识

C. 突发性事件的处理原则和基本程序

D. 财务会计知识

3. 下列选项中，不属于新闻发布会特点的是（ ）。

A. 信息的权威性 B. 传播的快速性

C. 费用的低耗性 D. 沟通的双向性

4. 主题是新闻发布会的中心议题。下列关于新闻发布会主题的确定，说法错误的是（ ）。

A. 考虑经费是否足够 B. 考虑主题是否有新闻价值

C. 考虑主题是否相关 D. 考虑社会公众是否感兴趣

三、判断题

1. 展览会为组织和公众提供了互动性强、面对面的双向沟通机会，但沟通方式不够高效率。（ ）

2. 展览会不仅是合适的交易场所，也是理想的调研场所。（ ）

3. 展示各个行业不同商家的产品或服务，种类多、规模较大的展览会是专题性展览会。（ ）

4. 展览会的时间一般按组织需要而定，展览时间越长越好。（ ）

5. 新闻发布会需要时间较长，必要时还要安排参观、午餐、酒会等活动，因此经费支出较大、成本较高。（ ）

6. 新闻发布会的时间选择应尽量不要同重大节日或其他重要社会事件相冲突，以免淡化发布会的传播效果。（ ）

四、名词解释

1. 展览会

2. 新闻发布会

五、简答题

1. 组织展览会时，展台布置有哪些注意事项？

2. 在新闻发布会前，公关人员应准备哪些辅助材料提供给新闻媒体？

第三节　宣传推广活动

一、填空题

1. ________是指公关人员在真实的、不损害公众利益的前提下，有计划地策划组织具有新闻价值的活动以吸引新闻界和公众的注意，使本组织成为________的主角。

2. 新闻策划的“新”是指________，在策划新闻时，一定要想人所未想、做人所未做，这样才能真正带来________。

3. 公共关系广告是为扩大社会组织的________、提高________、树立良好的形象，以求得社会公众对组织的理解与支持而进行的广告宣传活动。

4. ________是指用广告的形式响应社会生活中的某一重大主题，表示组织与社会生活的关联性和共同性，以求得各方公众的理解和支持。

二、单项选择题

1. “特”是指策划的新闻事件具有（　　）。

A. 典型性　　B. 客观性　　C. 时尚性　　D. 突破性

2.（　　）是指巧用特定时机，如节日、纪念日之际，或社会组织举办某种活动圆满结束时，向消费者公众或社会各界公众表示衷心感谢的广告。

A. 观念广告　　B. 祝贺广告　　C. 实力广告　　D. 谢意广告

3. 下列关于公共关系广告的说法，错误的是（　　）。

A. 公共关系广告属于公共关系活动的一部分

B. 公共关系广告集公共关系与广告的特点于一身

C. 公共关系广告仅仅是一种经济现象，不表现思想意识形态

D. 公共关系广告设计构思应主题明确

4.（　　）是指用广告的形式向公众展示组织的实力，如组织的机构设施、技术装备、人才阵容、生产经营状况等，使公众对该组织产生信任感，从而树立实力雄厚、颇具竞争力的良好公众形象。

A. 公益广告　　B. 征询广告　　C. 实力广告　　D. 谢意广告

三、判断题

1. 与新闻策划相比，广告宣传不仅具有更强的权威性和可信度，且在费用投入上更显经济实惠。（　　）

2.“好”是指策划的新闻事件必须具有正面的、积极的意义，符合社会文明和进步的要求。（　　）

3. 在社会发展的不同时期，总会出现大多数公众都共同关注的、具有特定意义的重大事件，社会组织可以围绕这一事件展开宣传，并且适当加入虚构元素，提升吸引力，进而更容易提升新闻价值。（　　）

4. 公共关系广告是一种短期行为，着眼于创造利润最大化。（　　）

5. 征询广告是指通过征询公众意见和建议，提高组织知名度和熟知度的广告。（　　）

四、简答题

1. 新闻策划有哪些操作技巧？

2. 公共关系广告有哪些特点?

五、案例分析题

尽管K品牌是一个享誉全球的国际大品牌，然而其橄榄油产品初入中国市场时，国内消费者对其了解并不深。为了提升品牌知名度，K品牌的专家顾问团队进行了周密的策划。最终计划根据产品的特性和目标市场，精心挑选一位形象代言人，旨在塑造出“健康、智慧与美丽”的品牌形象。

随后，K品牌在国内顶尖学府公开征集女博士作为其产品的形象代言人。经过筛选，一位北京大学女博士成为K品牌橄榄油的形象代言人。该形象代言人不仅具有美丽健康的外表，同时更具有学识和智慧，从而完美地阐释了K品牌橄榄油的形象和品质，大大增强了产品的吸引力和可信度。

问题：

1. K品牌橄榄油此次的公关活动属于哪种类型的公共关系广告?
2. 你还能为K品牌橄榄油想到更好的新闻策划方案吗?

第四节　组织形象与企业识别系统

一、填空题

1. ____________是指一个组织自己所期望建立的社会形象，这是组织内部公共关系工作的方向、目的和标准。

2. ____________是指组织的实际状态和行为在公众舆论中的投影、反映，即社会公众和社会舆论对组织实际状态和行为的认知及评价。

3. 形象客体的设计主要包含以下三个方面的内容：____________、品牌形象塑造、____________。

4. CIS 主要由三大要素构成：理念识别（MI）、____________、____________，三个组成部分是一个有机的整体，各有其功效，又互相配合，从而构成企业完整的____________。

二、单项选择题

1. 组织的技术水平属于组织形象中的（　　）。

A. 外在硬件形象　　B. 外在软件形象

C. 内在硬件形象　　D. 内在软件形象

2.（　　）作为组织最基层的实践者，是塑造和传播组织形象最活跃的决定性因素。

A. 员工　　B. 协作单位　　C. 顾客　　D. 政府

3.（　　）系统在企业识别系统中最能形象化、直观化地表达企业特征，是最具传播力与感染力的系统。

A. 环境识别　　B. 行为识别　　C. 理念识别　　D. 视觉识别

4.（　　）阶段是 CIS 导入的核心，需要制定企业的经营理念、行为规范和视觉设计方案，经过充分讨论、研究、修改、补充并予以定案。

A. 准备工作　　B. 设计开发　　C. 调查研究　　D. 管理实施

三、判断题

1. 形象延伸是指组织形象在时间和空间中的扩散表现，它既涉及主客体形象塑造的过程，也涉及主客体竞争形象、信誉形象塑造，还涉及主客体形象设计的环境因素。（　　）

2. 行为识别即企业经营理念的动态化体现，是CIS最基本、最核心的内容，被称为企业识别系统的“心”。（　　）

3. 复合标志是指综合运用文字和图形因素设计的标志，有图文并茂的效果。（　　）

4. 组织信誉是在长期的业务往来和商品交换中形成的消费者对商品生产者和经营者的一种崇高的信任感。作为一种最重要的无形资产，组织信誉是组织在其有形资产上能获取高于正常投资报酬能力所形成的一种价值。（　　）

四、名词解释

1. 组织形象

2. 企业识别系统

五、简答题

1. 组织形象的概念包含了哪三层含义？

2. 组织形象的构成要素包含哪些内容？

3．品牌形象塑造的途径有哪些？

4．视觉识别系统的应用领域有哪些？

第五章　危机公关管理

第一节　公共关系危机概述

一、填空题

1. 公共关系危机的爆发是一个从量变到质变的过程，一般经历四个阶段：突发期、扩散期、________、________。

2. 公共关系是一个多层次的系统，包括了许多彼此联系的复杂的子系统，不确定因素的________增加了危机产生的________。

3. “危机不仅带来麻烦，也蕴藏着无限商机。”这句话体现了危机的________特征。

4. __________主要是指企业因环境保护、安全防卫工作失误导致有害物质泄漏、排放甚至引起爆炸等恶性事故造成环境危害，导致公众不满和环保部门介入调查引起的危机。

二、单项选择题

1. 下列选项中，不属于公关危机特征的是（　　）。

A. 突发性　　B. 危害性　　C. 预测性　　D. 可变性

2. 下列选项中，不属于因组织管理与服务缺陷造成的危机的是（　　）。

A. 产品质量危机　　B. 环境污染危机

C. 关系纠纷危机　　D. 负面报道引起的危机

3. 下列处理措施中，不适用于因意外灾难性事件发生引起危机的是（　　）。

A. 采取补救手段　　B. 采取援助手段

C. 做好舆论宣传　　D. 进行商誉防卫

三、判断题

1. 危机事件一旦发生，就会给组织带来直接的人力、物力、财力方面的巨大损失，并严重损害组织形象，使组织陷入强大的社会舆论压力旋涡，生存和发展因之受到威胁。（　　）

2. 从辩证法的角度来看：危机 = 危险 + 机遇。（ ）

3. 面对恶性竞争引发的危机，组织的第一反应应该是为自己辩护。（ ）

4. 公共关系大系统是开放的，每时每刻都处在与外界的交换和流动之中，其任何一个薄弱环节都可能因某种偶然因素而致失衡、崩溃，最终形成危机，给组织带来意想不到的危害和损失。（ ）

四、名词解释

1. 公共关系危机

2. 产品质量危机

3. 关系纠纷危机

五、简答题

1. 公共关系危机有哪些主要类型？

2. 面对因舆论的负面报道引起的危机，组织应该如何妥善处理？

第二节　危机公关处理

一、填空题

1. ________是指应对危机的有关机制，具体是指组织为避免或者减轻危机所带来的严重损害和威胁，从而有组织、有计划地制定和实施一系列管理措施和应对策略的动态过程。

2. ________是处理危机的首要原则。危机发生后的____小时，是处理危机最重要的黄金时间。

3. 危机发生后，公众最关心两方面的问题：一是________，二是感情问题。

4. 媒体在危机公关中扮演了非常重要的角色，它既是信息的________，也是危机事件发展的________。

5. ________是企业危机管理的处理中枢，在危机管理中担当重要的沟通角色，发挥领导和协调作用。

二、单项选择题

1. 下列选项中，不属于调查报告重点内容的是（　　）。

A. 危机事件的基本情况　　B. 危机的现状和发展趋势

C. 危机可能带来的经济收益　　D. 危机涉及的当事人与责任人

2. 下列选项中，不属于危机过后组织内部重塑形象措施的是（　　）。

A. 积极安排交流研讨活动，增强组织管理的人性化与员工对组织的信任感

B. 鼓励员工集思广益，协助组织制订新形势下的发展计划

C. 进一步完善企业管理的各项制度和措施，有效地规范组织行为

D. 限制员工之间的交流，以减少谣言传播

3. 下列选项中，属于危机过后组织外部重塑形象措施的是（　　）。

A. 停止与目标公众的联系，以减少负面影响

B. 继续原有的公关策略

C. 开展与目标公众无关的社会活动，提升社会知名度

D. 针对形象受损程度，开展重塑形象的活动

三、判断题

1. 危机公关的目的是转移公众的视线。（　　）

2. 真正能澄清事实的，往往是当事组织的自我辩护。（　　）

3. 除组织管理者要有危机意识之外，组织还应将危机的预防作为日常工作的组成部分，对员工进行危机管理教育，用危机理念来激发员工的忧患意识和奋斗精神。（　　）

4. 任何组织行为都是通过员工行为来实现的，因而组织有必要根据危机管理计划对员工进行定期的培训和演习，通过培训和演习进一步强化员工的危机意识，提高危机处理技能和面对危机的心理素质，从而提高组织的危机管理水平和危机处理能力，以便预防危机和从容应对危机。（　　）

四、简答题

1. 简述组织内危机管理小组的成员构成及职责。

2. 危机管理计划书的正文部分包含哪些内容?

五、案例分析题

2017年8月，某报记者通过卧底A知名连锁餐厅（以下简称A餐厅）并进行暗访，曝光了A餐厅存在的卫生问题，包括老鼠钻入食品柜、使用火锅漏勺掏下水道、扫帚和簸箕与餐具一同清洗等现象。这一事件迅速引发了公众对A餐厅卫生状况的担忧和质疑。

然而，在事件爆发后仅3个小时左右，A餐厅便迅速作出了反应，第一时间进行了核实，确定问题属实后，发布了一份道歉声明，主动承认错误，并感谢媒体的监督。A餐厅没有像很多企业一样将锅甩给员工或门店，反而由董事会出面，积极地为员工承担错误，切实做到了锅我背、错我改、员工我养。同时，A餐厅还公布了后续整改的负责人职位、姓名、电话、事件最新进展的信息获取渠道，并承诺进行全面整改。为了消除粉丝及各方的担忧和疑虑，A餐厅聘请专业的第三方公司对自身各个角落的卫生进行全面排查，杜绝类似问题的二次发生。更进一步，A餐厅还积极展开透明厨房活动，用摄像器材实时拍摄厨房情况并播放给门店的食客监督。

问题：

分析A餐厅在此次危机公关中采取了哪些有效措施?

第三节　网络危机公关

一、填空题

1. ＿＿＿＿＿是指利用互联网的高科技手段对组织形象进行公关，尽可能地避免组织出现负面信息，为危机公关工作提供新的思维方式、策划思路、传播媒介和重大机遇。

2. ＿＿＿＿就是类似传统模式下的新闻报道之类的危机现象：某个或多个资讯类网站报道了某个组织的负面文章。

3. 社区论坛是一个网络板块，发帖人在＿＿＿＿和符合论坛宗旨的范围内可以随便发表意见，在＿＿＿＿方面比微博更强。

4. 当发生网络公关危机时，组织应立即启动网络公关危机________，与危机产生的源头网络媒体进行沟通。及时找出原因，迅速处理化解是制止危机进一步恶化的最好方法。

二、单项选择题

1. 当公关危机的突发性和危害性一旦与网络传播的（　　）相结合，就极易进一步"放大"危机，网络信息随即成为影响组织形象、引发公众情绪对立、激化社会矛盾的导火索。

A. 多元性　　B. 透明性　　C. 快速性　　D. 匿名性

2. 在新媒体时代，危机事件的引爆点更多来自"个人情绪"。这主要是因为受众、媒介和媒体的利益点都呈现（　　）的特点。

A. 集中化　　B. 广泛化　　C. 分散化　　D. 同质化

3.（　　）是指根据一定的策略、运用特定的计算机程序从互联网上收集信息，在对信息进行组织和处理后，为用户提供检索服务，将用户检索相关的信息展示给用户的系统。

A. 搜索引擎　　B. 搜索目录

C. 数据库管理系统　　D. 检索系统

三、判断题

1. 解决问题是处理网络危机的关键，未雨绸缪是制胜的法宝。（　　）

2. 网络时代，组织不能唱"独角戏"，而是要学会从各种探讨市场走向和竞争趋势的报告中获取有利信息，并对这些信息进行筛选甄别和分析，为管理层在制定危机预案时提供帮助，以最快的速度作出反应，制止危机蔓延。（　　）

3. 由于搜索引擎检索的全面性，就不可避免将一些企业无法预料的信息检索出来，如果网民搜索到的信息是负面的，就有可能对其认知和判断产生影响。（　　）

四、简答题

1. 请简述如何建立高效的危机预警监测系统，以便组织能够及时了解公众的态度并作出相应的应对准备。

2. 面对网络上关于组织的负面消息，公关人员应如何处理？

3. 解决了网络公关危机后，组织还应该采取哪些措施加强与目标公众的沟通？

五、实训题

选择一起典型的网络危机公关案例进行深入研究，撰写一份案例研究报告。报告需包含危机的背景、发展过程，公关策略评析以及个人见解和改进建议等。

第六章　公关人员的素质和能力

第一节　公关人员的素质要求

一、填空题

1. 公关人员的素质包括____________、____________、知识结构等。

2. 公关工作需要公关人员在面对各种复杂环境时保持____________的心态。

3. 公关人员应坚持____________的原则，忠实于自己所服务的组织，以真诚的态度对待公众，对公关事实不夸大、不溢美，言行一致，讲求信用。

4. 公关人员必须始终把____________、____________、组织利益放在首位，在任何时候都要做到廉洁奉公、不谋私利。

二、单项选择题

1. 公关人员的知识结构应该是（　　）字形的，即专业知识要深、一般知识要博。

A.“Y”　　B.“T”　　C.“A”　　D.“E”

2. 心理学知识属于公关人员知识结构中的（　　）。

A. 基础学科知识　　B. 背景学科知识

C. 专业学科知识　　D. 相关学科知识

三、判断题

1. 素质是指一个人获得知识或从事某种工作所必须具备的一些先决条件，不包括后天因素。（　　）

2. 衡量公关人员是否具有职业道德，最重要的是看他对公共关系事业是否尽心尽责、恪尽职守。（　　）

3. 公关人员只需掌握专业学科知识，就能做好公共关系工作。（　　）

四、名词解释

1. 公关人员

2. 公关人员的素质

五、简答题

1. 公关人员需要具备哪些心理素质？

2. 如何理解“公关人员要知法守法”这一观点？

3．公共关系专业学科知识包括哪些内容？

第二节　公关人员的能力要求

一、填空题

1．公共关系活动是一种目标指向型的活动，为了使公共关系工作开展得有条不紊，公关人员必须具有较强的________。

2．公关人员开展每一项公共关系活动，既要有________和原则性，又要有灵活性和________。

3．公关人员只有具备迅速与他人沟通、“打成一片”的能力，才能及时地了解公众的心理，察觉组织形象的缺陷，完成________和实施公共关系宣传的任务。

4．公关人员的日常工作涉及布置场景、策划广告、组织展览会、召开招待会、设计礼品、美化环境等，这就要求公关人员必须具有一定的________，在设计策划中做到色彩、场景、空间、物品与展示的主题和谐、统一，既突出重点、美观雅致又经济实惠、吸引眼球。

二、单项选择题

1.（　　）要求公关人员在处理各种冲突或投诉时，能保持清醒、遇事不慌、沉着冷静；（　）要求公关人员面对突发情况能够迅速加以分析、判断，善于在困境中调动客观和主观的一切有利因素，变被动为主动，使之逐步摆脱困境，化险为夷。

A．应变能力　信息捕捉能力　　B．应变能力　组织能力

C．自控能力　创新能力　　D．自控能力　应变能力

2.（　　）是公共关系工作中所必需的，有助于适应不断变化的竞争环境并可能帮助企业在竞争中领先一步。

A．沟通能力　　B．组织能力　　C．创新能力　　D．领导能力

三、判断题

1．公关人员需要周密地设计和筹划公共关系活动的目标和计划，但不必为实现目标和计划制定相应的具体方法和步骤。（　　）

2．衡量公关人员能否适应现代社会需求的标准之一，就是看他是否具备与他人交往的能力。（　　）

3．公关人员的表达能力主要是指演说的能力、解释的能力、说服的能力、谈判的能力、协调的能力、做结论的概括能力，不包括文字写作的能力和非语言的传播能力等。（　　）

4．公关人员以饱满的精神状态、整洁端庄的穿着打扮投入工作，既是对别人的尊重，也反映了其认真的工作态度，更体现出其所代表组织的形象和管理效果。（　　）

四、简答题

1．公共关系从业人员为什么要具备较好的文字和口头表达能力?

2．公关工作中，需要特别关注哪些信息?

五、论述题

试论述公关人员在处理企业危机事件时应具备的关键能力和素质，并结合实际案例加以说明。

第三节　公关人员的工作原则

一、填空题

1. ________是指社会组织在开展公共关系活动时，要站在“社会”的高度，综合考虑活动可能产生的社会经济效益、社会生态效益等多方面的影响，使诸方面均符合公众的________和根本利益。

2. ________是指组织的公共关系工作，不仅要依靠公关专门机构和专职公关人员的努力，还有赖于组织各部门的密切配合和全体员工的共同关心与参与。

二、单项选择题

1. 下列说法最准确地描述了公共关系本质的是（　　）。

A. 公共关系是组织与媒体之间的关系管理

B. 公共关系是组织与公众之间的信息传播

C. 公共关系是组织与公众之间的一种利益关系

D. 公共关系是组织内部的沟通和协调

2. 互惠原则在公共关系中的重要性体现在（　　）。

A. 它是组织追求利润最大化的手段

B. 它有助于组织与公众建立信任关系

C. 它是组织进行广告宣传的主要方式

D. 它是组织减少运营成本的有效方法

三、判断题

1. 社会组织要保证自身的长远利益，求得自身的稳定发展，就必须取得社会公众和其他社会组织的支持与合作，顾及社会整体利益。（　　）

2. 公共关系活动的一项重要原则就是“双向对称”，即组织与公众之间的关系要对称。（　　）

3. 每位组织成员的个人形象和行为对于维护整个组织的形象并不重要。（　　）

四、简答题

为什么说公共关系工作的成功需要长远的目光？请简要说明。

五、实训题

假设你是一家知名企业的公关经理，企业突然遭遇了一起严重的质量危机。请你根据公关人员的工作原则，制定一份危机应对方案，以恢复公众对企业的信任。